Günther Klugermann

HELGA

Fast alles
über deinen Vornamen

Als Namensbücher sind folgende männliche und weibliche Vornamen erhältlich:

Andrea	Julia	Alexander	Marco
Angelika	Karin	Andreas	Mario
Anna	Katharina	Christian	Matthias
Brigitte	Monika	Daniel	Michael
Christa	Nicole	Gerhard	Peter
Claudia	Petra	Günther	Sebastian
Erika	Renate	Hans	Stefan
Gerda	Sabine	Heinz	Thomas
Gisela	Sandra	Helmut	Uwe
Helga	Stefanie	Horst	Walter
Ilse	Susanne	Jan	Werner
Inge	Ursula	Jürgen	Wolfgang
Ingrid		Klaus	

Weitere Namen sind in Vorbereitung.

Impressum

1. Auflage 2010

Druck und buchbinderische Verarbeitung:
Advantage Printpool, Gilching

34128 Kassel, Richard-Strauß-Straße 33, Tel. (0561) 9 37 17 38
www.Herkules-Verlag.de
ISBN: 978-3-941499-10-2

Inhalt

Inhalt

Steckbrief

Dieses Namensbuch ist für

Helga Balzer,

auch .... genannt!

Sie wurde am 11.5.1931 im Sternzeichen

des/~~der~~ Stiers geboren.

Dieses Buch bekommt sie von ....

sich selbst geschenkt,

weil niemand sonst auf die

Idee kam.

DEN GÖTTERN GEWEIHT

Helga wird aus dem Altnordischen, der aus dem Germanischen hervorgegangenen ältesten Sprachstufe der nordischen Sprachen (Dänisch, Faröisch, Isländisch, Norwegisch und Schwedisch), das von etwa 800 bis ins Spätmittelalter gesprochen wurde, hergeleitet.
Das altnordische Eigenschaftswort „heilagr“ bedeutet „heilig“. Es findet seine Entsprechung im althochdeutschen „heilag“ und seine Herkunft im germanischen „hailaga“.
Das altnordische Tätigkeitswort „helga“ meint, etwas oder jemanden heiligen oder weihen. Dies hat sich im heutigen schwedischen „helgar“ erhalten.
Demnach könnte die „ursprüngliche“ Helga mit der Eigenschaft „heilagr“ eine (weibliche) Person gewesen sein, die „den Göttern geweiht“, also eine Priesterin, eine Mittlerin zwischen Menschen- und Götterwelt, war.
Überdies wird die Ansicht vertreten, der Vorname könne auf das althochdeutsche „heil“, im Sinne von gesund, vollkommen oder gesegnet, zurückzuführen sein.
In Indien ist Helga auch als männlicher Vorname bekannt.
Der Vorname Helge (Ableitung von Helga) kommt selten weiblich, dafür aber öfters in männlicher Form vor.

NAMENSTAGE – HELGA HAT FÜNF ZUR AUSWAHL

In der Literatur werden für Helga gleich mehrere Namenstage genannt:
der 14. Januar (Heilika oder Helga von Köln),
der 7. Mai (Heilika, Helga von Niedernburg),
der 8. Juni (Ilga, Helga, Hielta von Schwarzenberg),
der 11. Juli (Olga, Fürstin von Kiew),
der 11. September.

HEILIKA ODER HELGA VON KÖLN

Heilika lebte im 12. Jahrhundert zurückgezogen von der Welt als sogenannte Reklusin (Eingeschlossene) bei St. Andreas in Köln. Ihr ist der 14. Januar als Namenstag gewidmet.

HEILIKA (AUCH HELGA, EILIKA, HEILKA) VON NIEDERNBURG

Als Tochter des Markgrafen Bertold I. von der heutigen Oberpfalz um 954 geboren, wurde Heilika im Jahr 1010

Äbtissin des damaligen Klosters Niedernburg in Passau. Ihre Beziehungen zum deutschen Königshaus ermöglichten den Aufstieg der bei ihrem Amtsantritt ruinösen Anlage zur Reichsabtei. Großzügige Schenkungen von Ländereien und Privilegien, wie eine eigene Gerichtsbarkeit sowie Markt- und Zollrechte, sicherten dem Kloster eine enorme wirtschaftliche und rechtliche Stellung, derjenigen des Bischofs annähernd ebenbürtig.

Unter Heilika wurde das Kloster als strenges Benediktinerinnenstift geführt. Die Äbtissin starb dort am 23. September 1020.

ILGA (HELGA, HIELTA) VON SCHWARZENBERG

Die legendären Geschwister Ilga, Merbod und Diedo sollen dem Geschlecht der Grafen von Bregenz entstammen. Sie widmeten ihr Leben aber ihrem Glauben. In dieser Absicht begab sich auch Ilga als Einsiedlerin in den Bregenzerwald, im österreichischen Vorarlberg.
Sie wird mit wundersamen Geschehnissen in Verbindung gebracht. So sollen an den Orten Quellen entsprungen

sein, wo sie Wasser verschüttet hatte. Einer dieser Quellen, noch heute Ilgaquelle genannt, wird - obwohl in Hanglage - nachgesagt, sie sprudele an Stelle ihrer ehemaligen Einsiedelei. Das Wasser dieser Quelle hat den Ruf heilender Wirkung bei Augenkrankheiten.

Ilga starb um 1115. Über ihrer Todesstätte wurde später die Pfarrkirche von Schwarzenberg errichtet.
Sie gilt als Patronin gegen Augenleiden. Den 8. Juni haben die Katholiken Ilga als Gedenktag zugeeignet.

OLGA (RUSSISCHE FORM VON HELGA), FÜRSTIN VON KIEW

Zwischen 894 und 927 geboren, übernahm Olga nach der Ermordung ihres Ehemanns, Igor I. von Kiew, von 954 bis 962 die Regierungsgeschäfte für den noch minderjährigen Sohn. Sie ließ sich um 955 auf den Namen Elena taufen und unternahm als Erste den Versuch, ihr Herrschaftsgebiet zu christianisieren. Doch erst ihr Enkel nahm Jahrzehnte später die neue Religion an. Olga/ Elena verstarb am 11. Juli 969.

SPITZENREITER IN DEN 30ER JAHREN

Helga ist ein weiblicher Vorname, der mittlerweile recht geläufig ist, jedoch erst seit etwa 1900 in Deutschland in Gebrauch kam.

Ab 1920 rückte der Name immer mehr ins Blickfeld und gehörte zwischen 1925 und 1940 zu den am häufigsten vergebenen Vornamen. In den 1930er Jahren, vor allem in deren zweiter Hälfte, führte der Name die Beliebtheitsskala an.

In den 1940er Jahren ging das Interesse zwar zögerlich, aber doch zusehends zurück, und ab Mitte der 1950er Jahre hatte Helga deutlich an Reiz verloren und verschwand aus der Liste der beliebtesten weiblichen Vornamen.

(Vgl. auch Knud Bielefeld, www.beliebte-vornamen.de und www.baby-vornamen.de)

IM DOPPELPACK

Helga gibt es in Bindestrich-Kombination mit anderen Vornamen, wobei Helga sowohl vor- als auch nachgestellt auftritt. Als Beispiele seien genannt:
Helga-Maria ❍ Helga-Rose ❍ Helga-Sigrid.
Bianca-Helga ❍ Gundula-Helga ❍ Ina-Helga ❍ Johanna-Helga ❍ Käthe-Helga ❍ Karin-Helga ❍ Meike-Helga ❍ Rosa-Helga ❍ Ruth-Helga.

Doppelnamen werden oft aus optischen oder auch aus traditionellen Gründen gewählt. Manchmal spielt auch beim Aussuchen des Rufnamens für den Nachwuchs der Klang des Doppelnamens eine wichtige Rolle. Manche Eltern wollen mit einem Doppelnamen an verstorbene Verwandte erinnern: Opa, Tante oder beliebte andere Verwandte.

Ein Doppelname ist allerdings nicht zu verwechseln mit einem Erst- und Zweitnamen, die im Gegensatz zum Doppelnamen nicht durch einen Bindestrich miteinander verbunden sind. Rechtlich heißt dies, dass der Namensträger bzw. die Namensträgerin eine Unterschrift immer mit beiden Namen leisten muss.

INTERNATIONAL

Skandinavische Länder, Lettland: Helga
Dänemark: Helle
Lappland (samisch): Aila
Finnland: Helka; Oili
Russland, Ungarn: Olga; auf Russisch gibt es noch die Koseform Olya
Weißrussland: Wolha
Ukraine: Olha
Rumänien (Koseformen): Olguta und Olghita

HELGAS KOSENAMEN

Ella ❍ Helgachen ❍ Helgalein ❍ Helge ❍ Helger ❍ Helgi ❍ Heli ❍ Hella.

HELGA ALS NACHNAME

In Deutschland kommt Helga als Nachname nicht vor. Es gibt jedoch ein paar Varianten, die Helga im Stamm haben: Helgadottir ❍ Helgar ❍ Helgason ❍ Helgath.

„Helge" (kommt als weiblicher und männlicher Vorname vor) findet man auch als Nachname.

Helga mal ganz anders

Helga im deutschen Fingeralphabet

Helga in Brailleschrift (Blindenschrift)

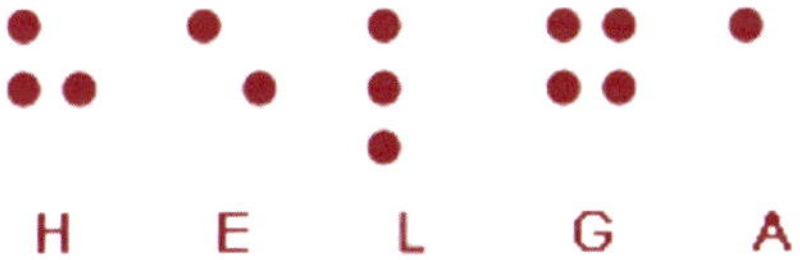

Helga als Morsecode

. . . . . . – . . – – . . –

Chinesisch: 黑爾加

(Übertragung der deutschen Aussprache in chinesische Schriftzeichen)

HELGAS

Das „Große vollständige Universallexicon aller Wissenschaften und Künste“ von Johann Heinrich Zedler aus dem Jahr 1735 weist darauf hin, dass die antike Stadt Germanicopolis in Paphlagonien - heute Çankırı, 140 km nordöstlich von Ankara in der Türkei - vor Zeiten auch die Namen Helgas und Booscoete führte.

HELGAFELL (HEILIGER BERG)

Eigentlich ist es nur ein felsiger Hügel von gerade mal 73 m Höhe, wenige Kilometer südlich der Kleinstadt Stykkishólmur im Westen Islands. Dennoch spielt er in den isländischen Mythen eine wichtige Rolle. Wer das Bergchen zum ersten Mal besteigt, dem würden drei Wünsche erfüllt, wenn folgende Regeln eingehalten werden: Der Aufstieg hat schweigend und ohne Rückblick am Südwesthang zu den Tempelruinen zu erfolgen. Die Wünsche müssen mit arglosem Herzen ausgesprochen und dürfen danach nicht mehr zurückgenommen werden. Schließlich muss man über den Osthang wieder hinabsteigen und darf seine Wünsche niemals jemandem offenbaren.

HELGAFELLSSVEIT

Eine Kleinstgemeinde (58 Einwohner im Jahr 2007) bei dem Heiligen Berg auf Island.

HELGASJÖN (HELGASEE)

Ein etwa 50 qkm großer See in Kronobergs Län, Provinz Småland, im Süden Schwedens. Die größte Insel im See heißt Helgö.

HELGE Å ODER HELGEÅN

Ein etwa 200 km langer Fluss, den „Pierer's Universal-Lexikon" von 1859 noch „Helga" nannte, entspringt im südschwedischen Kronobergs Län, fließt durch die Provinzen Småland und Skåne und mündet bei Hanöbukten in die Ostsee.

HELGA KORS-KAPELL (HEILIG-KREUZ-KAPELLE)

Eine Kapelle, im Ahllöfspark in der Stadt Arboga, schwedische Provinz Västmanlands Län, gelegen.

HELGA KLÄRT AUF

Zwischen 1967 und 1969 entstand eine Film-Trilogie, die Sexualaufklärung zum Ziel hatte. Es begann mit „Helga – Vom Werden des menschlichen Lebens“. Der Film unter der Regie von Erich F. Bender war eine Anregung der damaligen SPD-Gesundheitsministerin Käte Strobel und wurde von der Bundeszentrale für gesundheitliche Aufklärung unterstützt. Er erreichte weltweit etwa 40 Millionen Kinobesucher. Die detaillierte Darstellung einer Geburt führte zu verbreiteten Ohnmachtsanfällen in den Filmtheatern.

„Helga und Michael“ kam ein Jahr später als erste Fortsetzung in die Kinos. Die Reihe beendete „Helga und die Männer – Die sexuelle Revolution“, 1969 von Regisseur Roland Cämmerer in Szene gesetzt. Die deutsche Schauspielerin Ruth Gassmann verkörperte jeweils Helga.

IN ENGLISCH UND IN DEUTSCH

Rikart, Heinö: Helga das Sportmädel (1942). Eine vergnügliche Geschichte für vergnügte junge Menschen.

Thaler, Dora: Helga in 1000 Nöten (1949).

Benson, Holger: Helga & Bernd zeigen 100 Liebespositionen (1969).

Cleary, Jon: Helga's Web (1970). Roman.

Paola, Tomie de: Helga's dowry: a troll love story (1977).

Schuttevaer-Velthuys, Nel: Helga (1978). Een vrouw tussen twee vuren.

Wyeth, Andrew: The Helga Pictures (1987).

Rother, Andreas: Helga, das Bier ist alle! (o. J.) Geschichten von deutscher Lebenskunst.

Gänger, Bernhard: Helga geht ihren Weg (2008). Roman.

Flamm, Dieter: Helga und ihr Zahn der Zeit (2002). Erinnerungen an eine Jugend in Freiburg 1938-1948.

Chambure, Lore de: Helga Friederike Karoline (2006). Romanbiographie.

HELGA IN SAGEN UND MÄRCHEN

In der isländischen „Gunnlaugr Ormstungas saga" (Geschichte von Gunnlaug Schlangenzunge) aus der zweiten Hälfte des 13. Jahrhunderts gilt Helga, die Tochter von Thorstein Egilsson, als die schönste Frau, die auf Island um das Jahr 1000 lebte.

In der isländischen Sage um den zauberkundigen norwegischen Einwanderer Bárður Snæfellsás spielt dessen Tochter Helga eine große Rolle. Sie war, als Kind auf einer Eisscholle treibend, unfreiwillig zur Entdeckerin von Grönland geworden.

In isländischen Märchen heißt das Aschenbrödel Helga. Sie ist oft die jüngste von drei Töchtern einfacher und armer Eltern. Nicht nur Schönheit, sondern auch beste charakterliche Eigenschaften zeichnen sie aus. Seitens der Familie wird ihr recht übel mitgespielt, doch am Ende ist Helga stets die Gewinnerin und zieht als Auserwählte eines Prinzen einer herrlichen Zukunft entgegen.

1867 schrieb Henrik Ibsen das dramatische Gedicht „Peer Gynt". Es entstand auf der Vorlage norwegischer Feenmärchen von Peter Christen Asbjørnsen. Darin ist Klein Helga eine der beiden Töchter eines zugewanderten Bauernpaars und Schwester von Solvejg, der Geliebten von Peer Gynt.

HELGA IN COMIC UND FANTASY

Die Hauptbeschäftigung von „Hägar dem Schrecklichen“ und seiner Wikinger-Bande besteht in Plündern und Brandschatzen. Doch zu Hause steht er unter dem Pantoffel seiner Ehefrau Helga. Die von dem US-Amerikaner Dik Browne 1973 geschaffene Comicreihe erschien in über 1900 Zeitungen in 58 Ländern und 13 Sprachen.
Die einzelnen Streifen wurden als Sammlungen in zahlreichen Büchern nachgedruckt.
In einem 23-minütigen Zeichentrickfilm von 1989 kam der Comicstrip auch in Bewegung.

Helga Hufflepuff ist eine Fantasie-Gestalt aus den Harry-Potter-Büchern von Joanne K. Rowling. Danach war sie deutscher Abstammung, lebte vor etwa eintausend Jahren und gehörte zu den berühmtesten Hexen und Zauberern ihrer Zeit. Sie war eine Mitbegründerin von Hogwarts.

DAS HELGA-PHÄNOMEN ODER DER HELGA-RUF

Wohl in den 1990er Jahren entstand auf deutschsprachigen Freiluftfestivals eine Art Ritual, vielleicht um langweilige Wartephasen zu überbrücken, bei dem der erste Ruf nach einer imaginären Helga von anderen wiederholt wird und sich so zu einer Massenaktion aufschaukelt. Der Ursprung soll der tatsächliche Ruf eines Festivalbesuchers über das Gelände hinweg nach seiner Freundin dieses Namens gewesen sein.

„(522) HELGA“,

so lautet die Bezeichnung eines Asteroids zwischen den Bahnen von Mars und Jupiter, den der deutsche Astronom Max Wolf aus Heidelberg im Januar 1904 entdeckte.

HELGA PICTURES

Der amerikanische Kunstmaler Andrew Wyeth schuf von 1971 bis 1985 über 240 Studien einer Frau namens

Helga, die er in den verschiedensten Lebenslagen und Landschaften skizziert und porträtiert hatte. Als Modell stand ihm dabei seine Nachbarin Helga Testorf, ostpreußischer Abstammung, zur Verfügung. Als die Öffentlichkeit 1986 erstmals Bilder aus diesem Werk zu Gesicht bekam, war die Überraschung groß, denn niemand hatte bis dahin von dieser Arbeit erfahren – selbst Wyeths Ehefrau und Helgas Ehemann nicht.

Dieser Umstand und die Tatsache, dass die Gemälde teilweise Akte darstellten sowie in ländlicher Abgeschiedenheit entstanden, beflügelten die Fantasie des Publikums.

HELGA'S FREE EUROPEAN FILM FESTIVAL

Unter diesem Titel veranstalteten die australischen Städte Brisbane, Sydney und Melbourne an drei Abenden im November 2008 ein großes, kostenloses Open-Air-Kino. Zur Aufführung kamen Filme aus Italien, Deutschland und Frankreich.

HELGA ALS ZEICHENTRICKFIGUR

Helga G. Pataki war einer der Hauptcharaktere in der amerikanischen Zeichentrickserie „Hey Arnold!", von der zwischen 1996 und 2004 100 Folgen produziert wurden. Ab 1998 lief eine deutschsprachige Version auf Nickelodeon, dem ersten Kinderfernsehsender in Deutschland.

HELGA – VON HERBERT GRÖNEMEYER BIS HAPE KERKELING

„Helga“ ist ein Instrumentaltitel vom Soundtrack-Album „Percy“ (1971) der 1964 gegründeten englischen Musikgruppe „The Kinks“.

Der deutsche Musiker und Sänger Herbert Grönemeyer besang in dem Lied „Helga“, das 1981 auf seinem Album „Zwo“ erschien, eine Prostituierte, die vor dem Bahnhofskiosk stand und sich anbot:

„Jung oder alt war sie nicht,
weder schön noch blass,
sie lag so im Schnitt.

Sie hieß wohl Helga.
Wenn man sie ansah, ihr Blick
war irgendwie klar.“

„Timpuri Noi“, eine 1980 gegründete rumänische Alternative-Rockband, widmete „Helga“ ein Lied auf ihrem

Album „De regiune Superior“ von 1995. Der Name selbst kommt in einer Strophe und im Refrain vor:

„Dar imi place Helga,
M-a fermecat pe loc, (ia-ia-iai)
E frumoasa Helga,
Frumoasa foc. (Oooo...)“

Der Komiker Hape Kerkeling trat in der „Musikanten-Scheune aus dem Brandenburger Land“ als „umgewandelte Helga“ zusammen mit den Wildecker Herzbuben mit dem Lied „Auszieh’n, alle auszieh’n und dann ran an den Speck“ auf und brachte die Moderatorin Petra Kusch-Lück damit einigermaßen aus der Fassung.

Der deutsche Rockmusiker mit dem Künstlernamen „Zam Helga“ gründete 1989 die Rockgruppe „Helga Pictures“, die sich 1994 wieder auflöste. Das erste Album von 1991 hieß ebenfalls „Helga Pictures“.

BEKANNTE NAMENSTRÄGERINNEN

Helga Anders (1948–1986), deutsch-österreichische Schauspielerin, in den 1960er Jahren als „Lolita" des deutschen Films festgelegt, kam irgendwann mit dem Leben nicht mehr zurecht.

Helga Brauer (1936–1991), eine der erfolgreichsten Schlagersängerinnen in der DDR, die sich über Jahrzehnte hinweg in diesem Geschäft behauptete.

Helga Deen (1925–1943), samt ihrer Familie von den Nationalsozialisten im Vernichtungslager Sobibór ermordete Jüdin. Ihre Aufzeichnungen erschienen 2007 unter dem Titel „Wenn mein Wille stirbt, sterbe ich auch".

Helga Einsele (1910–2005), setzte als Leiterin des Frauengefängnisses in Frankfurt-Preungesheim etliche Reformen im Sinne eines humanen Strafvollzugs durch. Wurde von ihren Gegnern als Idealistin und linke Revoluzzerin diskreditiert.

Helga Feddersen (1930–1990), zu sehr auf Ulknudel und platten Humor ausgerichtet, blieb ihr umfassenderes Talent weitgehend unbemerkt.

Helga Goetze (1922-2008), als Aktivistin für die sexuelle Befreiung irritierte sie in den 1980er Jahren die Berliner mit ihrem Slogan „Ficken ist Frieden".

Helga Heinrich-Steudel (*1939), die „Rennamazone aus dem Vogtland" nahm bereits 1959 an einem Motorradrennen teil, heimste in den 1960er Jahren einige Siege ein und fuhr auch mit beachtlichem Erfolg Automobilrennen.

Helga Seibert (1939–1999), Richterin am Bundesverfassungsgericht, machte sich für die Rechte nichtehelicher Kinder stark.

HOCH- UND TIEFDRUCK

Das Institut für Meteorologie der Freien Universität Berlin führte 1954 auf Anregung der damaligen Studentin und späteren ZDF-Fernsehmeteorologin Dr. Karla Wege zur besseren Unterscheidung und Verfolgung der Wettersysteme die Belegung von Druckgebilden in Mitteleuropa mit Vornamen ein. Tiefdruckwirbel wurden danach mit weiblichen und Hochdruckgebiete mit männlichen Vornamen in alphabetischer Reihenfolge bezeichnet.

Um dem Vorwurf weiblicher Diskriminierung entgegenzutreten, der 1998 in den Medien diskutiert wurde, beschloss man, fortan den Hochs und Tiefs abwechselnd weibliche und männliche Vornamen zu geben.

Die Aktion Wetterpate gibt es seit November 2002. Sie entstand als Idee von Studenten, um die Finanzierung einer täglichen 24-Stunden-Wetter- und -Klimabeobachtung abzusichern, nachdem der Universität nur noch Gelder für die Vormittagsbeobachtung zur Verfügung standen. Seither können Patenschaften für ein Hoch zum Preis von 299 Euro (wegen deren längerer Lebensdauer) und 199 Euro für ein Tief erworben werden. Der hierfür gewünschte Vorname ist frei wählbar, sofern er standesamtlich anerkannt ist.

Helga scheint ein beliebter Name für Wetterlagen zu sein, wurden bisher doch zwei Tief- und vier Hochdruckgebiete entsprechend getauft.

Es begann mit dem außergewöhnlich langlebigen Hochdruckgebiet Helga, das am 31. Januar 2003 von Skandinavien ausgehend eisige Temperaturen über Deutschland brachte, von da ostwärts bis Sibirien zog und in einer Kehrtwendung wieder Mitteleuropa ansteuerte, um dort bis ins letzte Drittel des Februar kaltes und trockenes Wetter festzuhalten. Ende Februar sorgte Helga für starke Temperaturschwankungen zwischen Tag und Nacht. Erst am 2. März 2003 entschwand Helga im Osten.

Bereits am 11. Juli 2003 erhielt ein weiteres Hochdruckgebiet den Namen Helga. Es nahm seinen Ausgangspunkt vor der westeuropäischen Küste, bescherte fast ganz Europa herrliches Sommerwetter, ehe es am 21. Juli in einem anderen Hoch aufging.

Am 17. März 2005 war die nächste Taufe eines Hochs auf den Namen Helga. Da lag sein Kern zwischen Grönland und Spitzbergen. Nachdem es erst den hohen Norden mit Kälte versorgt hatte, brachte es diese bei verbreitetem Sonnenschein auch nach Deutschland. Das Zentrum über der Ostsee verlagerte sich ab dem 22. März südostwärts bis nach Ungarn und weiter nach Osten. Am 26. März endete die Beobachtung am Schwarzen Meer.

Das erste Helga genannte Tief zog am 5. März 2008 vom Atlantik bei Grönland nach Island, verursachte Kälte und Regen auf den Britischen Inseln sowie in Deutschland. Es verabschiedete sich bereits um den 10. März.

Südlich von Grönland startete das am 20. August 2008 Helga getaufte Tiefdruckgebiet, versorgte die Britischen Inseln ordentlich mit Wasser und setzte dies in Norddeutschland fort. Vom nachfolgenden Tief schließlich eingefangen, hatte Helga etwa sieben Tage lang das Wetter bestimmt.

Von Westen näherte sich das am 27. Juli 2009 Helga benannte Hochdruckgebiet Europa. Von der Biskaya über Südfrankreich bis nach Deutschland sorgte es für freundliches Sommerwetter. Dies durften auch die baltischen Staaten noch genießen, ehe sich dieses Hoch über Westsibirien auflöste.

ANDERE ÜBER HELGA

Der Name Helga ist genauso eigenwillig wie die Person, die den Namen trägt. „Helga" möchte immer und überall mitmischen.

Es ist mir fast peinlich, das zu sagen, aber ich find' Helga eigentlich ganz nett. Alle lästern immer über den Namen, aber ich finde ihn besser als so manchen Namen, der zurzeit im Trend ist.

Helga gefällt mir nicht - ist so fad wie Heidi aus den Bergen.

Mein Mann heißt Helga. Er ist Inder.

HELGA ÜBER HELGA

Man sagt auch „Helga, das Kind der Sonne!" Dieser Name ist zugegebenermaßen etwas altmodisch, aber ich stehe mit Leib und Seele dazu, egal, was die Nicht-

Altmodischen dazu sagen. Man sucht sich ja schließlich den Namen nicht selber aus, oder?

Ich finde den Namen einfach klasse, weil er so harmonisch und schön klingt. So hieß auch meine Oma und ich bin so froh, auch so zu heißen. Also Helgas: Nicht euren Namen hassen, seid doch froh, so zu heißen!

Ich liebe meinen Namen, denn er hat einen wunderschönen weichen Klang und heilsame Bedeutung. Die alten traditionellen Namen sind längst wieder im Kommen und viel passender als manche abgedroschenen englischen Namen von Filmstars, deren „Modenamen" schneller altmodisch werden als man denkt.

Ich bin eine der letzten Helgas in den 50er Jahren. Ich habe meinen Namen nie gemocht, weil er einen negativen Beigeschmack hat. Mittlerweile denke ich anders. Hat schon mal jemand gemerkt, wie wohlklingend der Name ist?

HELGAS EIGENSCHAFTEN

Auf den zahllosen Internetseiten, auf denen man sich über Vornamen informieren kann, werden auch verschiedene Namensexperimente durchgeführt, in denen Vornamen bewertet werden. Aus den unterschiedlich wahrgenommenen und bewerteten Eigenschaften eines Namens entstehen so genannte Onogramme (eine Wortkonstruktion aus onomastisches [namenkundliches] Assoziationsdiagramm), aus denen sich ablesen lässt, was die Menschen mit bestimmten Namen assoziieren.

Bei der Umfrage zu Helga äußerten sich 66 Teilnehmer (innen). So entstand folgendes Bewertungsprofil:

Als ein bisschen altmodisch wird der Name schon empfunden, zumal ja auch eher ältere Frauen so heißen. Die Trägerinnen werden aber als ziemlich intelligent und durchaus attraktiv gesehen. Sie seien nicht besonders sportlich, leicht extrovertiert und ganz sympathisch, wird gemutmaßt.

Matthias Rickling

WOHER DIE NAMEN KAMEN

„Namen sind nichts Geringes", bemerkte schon Johann Wolfgang von Goethe, auch wenn er seinem Dr. Faust jene berühmten Worte in den Mund legte, dass ein Name doch nur Schall und Rauch sei. Auf keinen Fall, so möchte man entgegnen, sind unsere Namen etwas Verhallendes oder Flüchtiges. Schließlich ist der Klang unseres Namens mit das Erste, das wir zu hören bekamen und auch das erste Wort, das wir zu schreiben versuchten. Unsere Vornamen nahmen von Anfang an eine besondere Stellung ein und dominierten praktisch die gesamte Kindheit, während der Familienname erst später seine volle Bedeutung erlangte. Dies mag auch der Grund dafür sein, dass viele Menschen sehr verletzt sein können, wenn mit ihrem Namen gespielt wird. Und wir erinnern uns noch recht genau an all die bitterbösen Spitznamen, die damals über den Schulhof gingen, oder wie sehr es jemanden beleidigen kann, wenn man seinen Vornamen vergisst. Natürlich, für unsere Vornamen können wir nichts und sie verpflichten uns auch zu nichts – wir lieben sie, tragen sie zuweilen mit Stolz und manchmal hadern wir mit ihnen.

Wie dem auch sei, haben wir uns längst an sie gewöhnt und nehmen sie – im wahrsten Sinne des Wortes – als gegeben hin. Dennoch lohnt es sich, den eigenen Namen, jene individuelle Buchstabenfolge, einmal näher zu betrachten, denn Namen sind eine Wissenschaft für sich! Besonders werdende Eltern können das bestätigen und davon manches Liedchen singen. Stapel von Namensbüchern erheben sich auf den Nachtschränkchen, Baby- und Elternzeitschriften versprechen Rat und machen das Fernsehprogrammheft unauffindbar. Eltern, Schwiegereltern und der ganze Rest der Familie geben in unscheinbaren Nebensätzen ihre Namenspräferenz zum Besten – meist mit dem Hinweis: „Aber das müsst Ihr ja wissen!" – und bekommen glänzende Augen, wenn man den Vornamen von Vater, Mutter, Opa oder Oma in die engere Wahl zieht.

Je näher dann die Geburtstermine rücken, desto häufiger geraten harmlose Kaffeestunden unter Freunden zu eifrigen Diskussionsrunden, in denen man sich über Schreibweise und Klang, Vorzüge und Nachteile, Assoziationen und Informationen zu diversen Vornamen ereifert. Wahrlich, Namen sind nichts Geringes und eine Wissenschaft für sich, die als Onomastik bezeichnet wird. Der Begriff leitet sich von dem griechischen Wort „onoma“ ab, das so viel wie „Name“ bedeutet.

Die Namenskunde ist ein relativ junger Zweig der Sprachwissenschaften und beschäftigt sich ganz allgemein mit der Frage, wie sich Eigennamen entwickelt haben, warum wir mit Vor- und Familiennamen ausgestattet sind und wieso auch Orte, Landstriche und Länder ihre Namen nicht von ungefähr tragen. Und weil sich die Onomastik aus diversen Bereichen der Natur- und Geisteswissenschaften nährt, kann die vollständige Erforschung von „Fritzchen Müller“ oder „Martha Mustermann“ schnell zu einer ausgewachsenen Doktorarbeit anwachsen. Derzeit befinden sich etwa 100 000 anerkannte Vornamen im Umlauf, aus denen Eltern den passenden Rufnamen wählen können, in Deutschland so viele wie noch nie.

Übrigens: Die internationale Vertretung der Namenskunde hat ihren Sitz im schwedischen Uppsala: International Council of Onomastic Sciences (ICOS).

„NOMEN EST OMEN“

Wer sich mit Namen beschäftigt, der kommt an dem Spruch „Nomen est omen“ garantiert nicht vorbei. Diese von den alten Römern so treffend formulierte Behauptung, dass Namen gleichzeitig Zeichen sind, bestätigt sich bis heute, bei jedem und alltäglich. Denken wir z.B. an den Namen „Ferrari“, dann blitzt vor dem inneren Auge sofort eine Kombination von rot, schnell und teuer auf, während der „Käfer“ behäbig, treu und kultig durch unsere Gedanken knattert. Und weil das so ist, geben Konzerne inzwischen Millionenbeträge für die Kreation eines Produktnamens aus, der sich möglichst schnell in unseren Gehirnwindungen einnisten soll. Solch ein Kunstname möchte uns zum Erwerb animieren, damit wir ebenso attraktiv, aktiv, klug und teuer wirken, wie es uns die Werbung vorspielt. Längst wissen wir, mit welcher Zigarettenmarke wir zu Freiheit und Abenteuer gelangen, welches Futter Katzen kaufen würden, womit ein Hund zum ganzen Kerl wird und welches Mittelchen auch die hartnäckigste Verschmutzung von der Keramik löst ...

KULTISCH, MYSTISCH, ZAUBERHAFT – DIE GERMANISCHEN WURZELN

Im Grunde entstanden auch unsere Vornamen ganz ähnlich. Sie entwickelten sich bei unseren germanischen Vorfahren aus dem Wunsch heraus, sich oder die Nachkommen mit besonderen Zugaben zu schmücken. Allerdings gehörten Abenteuer und Freiheit bei den Germanen zum ganz normalen Alltag, Hund und Katz sorgten noch für sich selbst und auf blitzblanke Badezimmerkeramik wurde noch kein gesteigerter Wert gelegt. Weil aber auch unsere Ahnen in ihren Namen Zeichen sahen, orientierten sie sich bei der Vergabe häufig an dem, was für ihre Existenz von herausragender Bedeutung war: der Glaube an die Götter.

In jener Zeit unserer Altvorderen war die Benennung einer Person ein kultischer Akt, der häufig mit kämpferischen Heils- und Schutzwünschen einherging. Durch den Zauber, der den Namen oder den Namensbestandteilen innewohnte, erhoffte man für den Namensträger einen besonderen Bezug zu der jeweiligen Gottheit und übertrug der benannten Person die erwünschten Fertigkeiten, Eigenschaften und Funktionen. So stellte man Thorsten unter den besonderen Schutz des mächtigen Thor (aus **thor** „Donner, Donar" + sten „Stein"), erwünschte sich mit Hildebrand (aus **hiltja** „Kampf" + brand „Schwert"), Hildegard (aus **hiltja** „Kampf" + gard „Schutz") und Gertrud (aus **ger** „Speer" + thruthi „Kraft, Stärke") kraftvolle Verteidiger, von Hubert (aus **hugu** „Gedanke, Sinn" + beraht „glänzend") und Friedrich (aus **fridu** „Schutz" + rihhi „reich, mächtig") kluge Anführer. Aus den mystisch-kultischen Wurzeln der Germanen haben sich schließlich auch jene berühmten Namen geformt, die wir aus den Geschichtsbüchern kennen, wo sie ganzen Herrscherdynastien ihren Namen gaben (z. B. Karl, Otto, Friedrich, Konrad, aber auch Mechthild, Adelheid, Hiltrud).

„Die Namenserteilung ist kein gleichgültiges Anliegen und sollte nicht vom Zufall abhängen."

(Platon [427-347], griech. Philosoph)

IM NAMEN DER BIBEL

Der germanische Namensbestand veränderte sich auch während der ersten Christianisierungswelle des deutschen Sprachraumes unter Karl dem Großen kaum. Erst ab dem 11. Jahrhundert lässt sich ein deutlicher Trendwechsel in Sachen Vornamen ausmachen. Besonders bei den Männern wurden Namen aus der Bibel beliebt. Zunächst aus dem Alten Testament (z.B. Aaron, Adam, Daniel, David, Samuel), später dann auch aus dem Neuen Testament (z.B. Andreas, Johannes, Marcus, Petrus, Simon). Biblische Frauennamen (z.B. Susanna, Judith, Elisabeth, Beata, Christina) blieben zunächst noch selten. Getragen von einer weiteren Welle der Christianisierung, der zunehmenden Heiligenverehrung und den umherziehenden Mönchen, wuchs die Gesellschaft der biblischen Namensträger erheblich an. Um 1500 waren schon über die Hälfte der Vornamen biblischen Ursprungs. Besonders bei den weiblichen Namen wird diese Wende deutlich, was wohl vor allem damit zusammenhängt, dass die Kirche den Frauen lediglich eine dienende, duldende Rolle zudachte – und diesem Bilde wollte eine wehrhafte Gudrun oder eine kämpferische Brunhild so gar nicht entsprechen.

Neben der Bibel wurde die Vergabe von Vornamen aber auch weiterhin von alten Sprachwurzeln (u.a. dem Keltischen) und neuen Nachbarn, wie die slawisch sprechende Bevölkerung der östlichen Siedlungsgebiete, bestimmt. Darüber hinaus hatten die Kreuzfahrer zahlreiche Geschichten und Legenden nach Mitteleuropa gebracht, in denen es von fremdländischen Namen nur so wimmelte. Und weil es der germanischen Zunge häufig schwerfiel, die griechischen oder lateinischen Namen hinreichend zu betonen, passte man die Namen vielfach den heimischen Lauten an. So wandelte sich der Johannes zum Hans, der Cornelius zum Niels und Matthias zum Thies, während aus Magdalena die Lene und aus Katharina die Trine wurde.

„Lege deinem Kind einen Namen zu, der ihn in seinen eigenen Augen ehrt."

(Pythagoras [576-496], griech. Philosoph u. Mathematiker)

KLUG UND FROMM – DER EINFLUSS VON HUMANISMUS UND REFORMATION

Der geistige Wandel des ausgehenden Mittelalters sorgte auch in der Welt der Vornamen für einige Bewegung. Martin Luthers Bibelübersetzung sorgte u.a. dafür, dass die alttestamentarischen Namen ein Comeback erfuhren. Viele Protestanten taten ihre Ablehnung der katholischen Heiligenverehrung dadurch kund, dass sie ihre Nachkommen nach den Protagonisten des Alten Testamentes benannten: z. B. Abraham oder Elias, Adam oder Eva, Ephraim, Jonathan, Esther oder Immanuel. Dem wiederum wirkte die katholische Kirche entgegen, indem sie ausdrücklich Taufnamen aus dem Neuen Testament forderte, deren Träger „durch ihren frommen und gottesfürchtigen Wandel zu den Heiligen gerechnet werden“.

Zu den kirchlichen Einflüssen trat die zunehmende Bildung gehobener Bevölkerungsschichten, die ihren aufsteigenden Status mit der Renaissance antiker Vornamen unterstrich. Ab 1500 liefen daher häufig Jungen durch die Gassen, die mit Achilles oder Augustus, Julius, Marius, Claudius oder Hektor an den Esstisch gerufen wurden und Mädchen, die auf Cornelia, Charitas, Felicitas oder Sabina hörten. Auch die Pietisten, die ihrer protestantischen Frömmigkeit ab dem 17. Jahrhundert zunehmend Ausdruck verliehen, suchten nach dem Besonderen. Vielfach äußerten sie ihre ausnehmende Gottesfurcht in den Vornamen ihrer Nachkommen. Die hießen dann Traugott oder Ehrenfried, Gotthelf, Gottlob, Gottvertrau oder Gottlieb (Amadeus), Leberecht, Fürchtegott (Thimotheus) oder Erdmann (Adam). Und weil es so schön ist und man diese Namen nur noch sehr selten zu hören bekommt, seien hier auch Thurecht, Frodemut, Glaubrecht, Ehregott, Helfgott und Frohdemut genannt.

„Der Name ist ein Stück des Seins und der Seele."
(Thomas Mann [1875-1955], dt. Schriftsteller)

EINFACH WIRD MEHRFACH – DER BANDWURMNAME

Andere Eltern wiederum, die ihre Kinder weder nach konfessionellen noch elitären Maßstäben benennen wollten, griffen einfach auf die beliebtesten Vornamen ihrer Zeit zurück. Um dem Kinde dennoch eine individuelle Note zu geben, verknüpfte man einfach verschiedene der seinerzeit geläufigsten Namen miteinander. So entstanden im 18. Jahrhundert jene Bandwurmnamen, die auf keinem Klingelschild Platz finden und deren vollständige Nennung jeden Briefumschlag sprengen würde. Viele dieser mehrfach Benamten wurden sogar ausnehmend berühmt, auch wenn sich kaum jemand ihrer vollständigen Namen erinnert: z. B. Johannes Chrysostomus Wolfgangus Theophilus Amadeus (Mozart), Johann Christoph Friedrich (von Schiller), Elisabeth Catharina Ludovica Magdalena Bettina (von Arnim), Joseph Karl Benedikt (von Eichendorff) oder Rainer Karl Wilhelm Johann Josef Maria (Rilke). Da sich dieser Trend bis weit ins vergangene Jahrhundert hielt, sollen auch Konrad Hermann Joseph (Adenauer), Herbert Ernst Karl Willy (Brandt), Helmut Heinrich Waldemar (Schmidt) und Helmut Josef Michael (Kohl) Erwähnung finden. Dagegen wirken die schlichten Namen wie Hans und Karl, Maria und Anna geradezu wie Kürzel, die zum häufigsten Bestandteil aller Doppelnamen herangezogen wurden: z. B. Hans Peter, Karl Uwe, Eva Maria, Anna Magdalena). Aus diesen Doppelnamen entstanden dann die in den 1930er bis 1950er Jahren so verbreiteten „Bindestrichnamen“ wie Karl-Heinz, Hans-Werner, Kai-Uwe, die schließlich zu Doppelformen verschmolzen. Und weil doppelt bekanntlich besser hält, haben sich diese „angewachsenen“ Doppelnamen längst als eigenständige Vornamen etabliert, wie z. B. Hannelore, Heidemarie, Anneliese, Annamarie, Lieselotte, Rosemarie, Hansgerd, Karlheinz oder Hansjürgen. Andere Doppelnamen, die einstmals an stolzen Fürsten und frommen Fürstinnen hingen, wurden noch im 19. Jahrhundert rigoros gekürzt und alltagstauglich umgeformt. Vom edlen Johann Georg blieb der bescheidene Hans-Jörg und die andächtige Maria Magdalena sang fortan als Marlene anrüchige Lieder.

„Einen Namen hat der Mensch seit Geburt und Taufe, doch geschätzt wird er nach dem Namen, den er sich gemacht hat."

(Lothar Schmidt [*1922], dt. Politologe u. Hochschullehrer)

ABGESCHAUT – VORNAMEN AUS FERNEN LÄNDERN

Mit zunehmender Bildung und dem erweiterten Blick zu den europäischen Nachbarn fanden seit dem frühen 17. Jahrhundert zunehmend ausländische Namen Eingang in die deutschen Taufregister. Mit der Schäferpoesie des Rokoko (z.B. Damon, Phyllis, Doris) und diversen Opern (z. B. Ferdinand, Elvira, Alma) inspirierte vor allem die französische Dichtung aus der Zeit des Sonnenkönigs die Vornamensquelle unserer Vorfahren. So kamen Henriette, Jeanette, Louise, Charlotte, Annette, Babette und Henriette über den Rhein gesprungen, gefolgt von Eduard, Louis, Emile, Jean und Caton. Aus Italien kamen u. a. Eleonora, Laura und Guido über die Alpen geklettert, während die Verbindung deutscher und russischer Herrscherhäuser die slawischen Namen Ludmilla, Olga, Wanda, Fedor und Boris gesellschaftsfähig machten. Die Shakespeare-Begeisterung und der bewundernswerte wirtschaftliche Aufschwung Englands sorgten ab 1800 dafür, dass die Rufe nach Harry, Arthur, Edgar, Henry, Oskar und Willy sowie Betty, Fanny, Molly, Edith, Ellen, Selma und Malvine auch diesseits des Kanals nicht ungehört verklangen. Und aus dem hohen Norden gesellten sich u. a. Helga, Ingrid, Ingeborg, Sigrid, Erika, Gustav, Hjalmar und Knud dazu.

„Einen Namen hat man, wenn man keinen Wert auf einen Titel legt."

(Sigmund Graff [1898-1979], dt. Schriftsteller u. Bühnenautor)

KURZ UND KNAPP – EFFIZIENZ SCHÖPFT NEUE NAMEN

Im Zuge der Industrialisierung setzten sich gegen Ende des 19. Jahrhunderts auch hierzulande die praktischen Kurz- und Koseformen verschiedener Vornamen durch. Dampfmaschinen und Werksuhren machten die Zeit zu einem wertvollen Gut, das man nicht mehr arglos vergeuden durfte. Effizienz war das alles bestimmende Stichwort, dem man auch in der Sprache Rechnung trug. Bald waren in den von Lärm erfüllten Maschinenhallen nur noch kurze und knappe Anreden üblich, die uns heute als Vornamen ganz selbstverständlich sind. Wer denkt bei Lutz noch an Ludwig, bei Rudi an Rudolf, bei Kurt an Konrad oder bei Gabi an Gabriele? Ebenso sind Fritz, Heinz, Max und Willi sowie Else, Ilse, Frieda, Lotte und Trude schon lange als vollwertige Namen anerkannt. Auch andere Kurzformen ehemals eigenständiger Vornamen rufen heute kaum überraschte Blicke hervor. Niemand stutzt mehr, wenn sich jemand mit Heidi, Christa, Inge, Käthe, Gerda, Katja, Thea oder mit Bernd, Dieter, Gerd, Jochen, Klaus, Rolf, Udo vorstellt.

TRENDNAMEN – NAMEN IN DER MODERNE

Sie favorisieren ausnahmslos Doppel- oder Dreifachvornamen? Wenigstens einer der Vornamen beginnt mit Ch, enthält ein y oder endet auf –ia? Ungewöhnliche Buchstaben wie ë, ã oder í im Vornamen, lassen ihr Herz höher schlagen? Sie lieben Vornamen, die sich französisch hauchen oder amerikanisch kauen lassen? Wenn all dieses zutrifft, dann ist die Diagnose eindeutig, Sie leiden an einem Phänomen, das Deutschlands Psychologen und Soziologen in immer größeren Bevölkerungsgruppen feststellen: der „Kevinismus“ oder „Chantalismus“.

In jüngster Zeit haben sich vor allem zwei Trends durchgesetzt, die bei Jungen- und Mädchennamen seit Jahren zu den eindeutigen Favoriten zählen: der Anfangsbuchstabe L (Leon, Lukas, Luca, Luis) und Endung auf –a (Hanna, Lena, Lea, Anna).

Ob sich tatsächlich gewisse Vornamen als Oberschicht- oder Unterschicht-Namen definieren lassen, soll hier nicht entschieden werden. Allerdings haben verschiedenen Sprachforscher belegt, dass Kindernamen tatsächlich Auskunft über das Gehalt der Eltern geben. Familien, in denen das durchschnittliche Einkommen soeben für das Auskommen langt, orientieren sich vor allem am schönen Klang, aktuellen Moden und bevorzugen französisch oder englisch klingende Namen. Zu den beliebtesten Jungennamen zählen Tim, Mike, Sven, Nico, Lee, Nils, Roby, Tom, Marcel, während die häufigsten Mädchennamen Cassedy, Jaqueline, Jeanette, Sky, Michelle, Leonie, Nina lauten, wobei die seltsamsten Kombinationen möglich sind.

Familien mit einem mittleren Einkommen, so zeigen die Namen ihrer Nachkommen, kupfern gerne bei der aktuellen Prominenz ab, auch wenn sich nur wenige dazu hinreißen lassen, Namen wie Peaches Honeyblossom oder Fifi Trixibelle (Töchter von Bob Geldof) zu vergeben. Dennoch steht auch im sogenannten Mittelstand ein wenig Exotik hoch im Kurs. Dort heißen die meisten Jungen Justin, Joel, Kevin, Keanu, Luca, Jannik, Karim und die meisten Mädchen Jessica, Jennifer, Britney, Cheyenne, Angelina, Lucy, Vanessa.

Bei den besser verdienenden Familien oder bei wohlhabenden Akademikern orientiert man sich dagegen gerne an den klassischen Namen, um den eigenen Stand zu zieren. In dieser sogenannten Oberschicht haben sich vor allem die religiösen Namen wie Michael und Emanuel, Maria und Anna durchgesetzt und die „klassischen" Namen feiern mit Alexander, Maximilian, Fabian, Leander sowie Helene, Charlotte, Emma und Friederike eine Wiederbelebung. Und weil sich unterschiedliche Gesellschaftsschichten immer etwas abschauen und übernehmen, ist der stetige Wandel vorprogrammiert. Besonders die gehobenen Familien sind daher ständig auf der Suche, ihren Nachkommen einen standesgerechten Vornamen zu verpassen, der nicht an jeder Ecke gerufen wird. Dadurch ist ein neues Phänomen entstanden, das „Emmaismus" heißen könnte: die zwanghafte Vergabe von Vornamen, die vor gut hundert Jahren unsere Großeltern zierten, über Jahrzehnte als altbacken abgelehnt wurden und heute zu den Klassikern zählen.

„Ein guter Name geht in Augenblicken verloren; ein schlechter wird in Jahren nicht zu einem guten."
(Jeremias Gotthelf [1797-1854], schweizer. Erzähler)

100 000 ZUGELASSENE VORNAMEN

Als in den 1980er Jahren ein kleiner rothaariger Kobold mit seinen Streichen die Herzen der kindlichen Fernsehzuschauer eroberte, avancierte auch so mancher Erwachsener zum ausgesprochenen „Pumuckl"-Fan. Einige waren sogar so begeistert von Meister Eders Mitbewohner, dass sie ihr Kind nach der frechen Zeichentrickfigur benennen wollten. Die Diskussion darüber, ob ein Kind den Vornamen „Pumuckl" tragen darf, welchen Schaden es dadurch erleiden könne, beherrschte wochenlang die Illustrierten, mit denen man sich beim Frisör die Zeit vertrieb. Inzwischen ist das Thema längst passé. Die Eltern konnten ihren Wunsch durchsetzen und zogen ihren Pumuckl groß, der heute Mitte 20 sein dürfte. Ob ihm die auffällige Namensgebung zum Vor- oder Nachteil gereichte, muss an dieser Stelle leider offen bleiben. Aber weil die derzeit etwa 100 000 in Deutschland zulässigen Vornamen vielen Eltern nach wie vor nicht ausreichen, um ihrer Kreativität bei der Benennung ihrer Nachkommen Ausdruck zu verleihen, haben die Standesämter weiterhin viel zu tun. Sie sind Modefan und wollen Ihr Kind „Dior“ nennen? Sie mögen Literatur und möchten Ihren Spross „Godot“, „Hemingway“ oder „Puschkin“ rufen? Ihr Kind soll Sie täglich an die Bilder von „Cézanne“, an den letzten Auswärtssieg von „Borussia“ oder das legendäre Festival von „Woodstock“ erinnern? Nur eine „Emily-Extra“, eine „Kiana Lemetri“ oder ein „Nicola Andrea“ entspräche der Besonderheit Ihres Kindes? Nur zu. Da in Deutschland generell eine freie Vornamenswahl gilt und nicht gesetzlich geregelt wird (es gilt das sog. Gewohnheits- und Richterrecht), haben Sie durchaus gute Chancen, Ihren Wunsch durchzusetzen. Allerdings sollten Sie dabei einige Richtlinien beachten, nach denen die Standesbeamten die „Eintragungsfähigkeit“ beurteilen.

„Für jeden Menschen ist sein Name das schönste und bedeutungsvollste Wort in seinem Sprachschatz.“
(Dale Carnegie [1888-1955], amerik. Rhetoriklehrer u. Unternehmensberater)

DER VORNAME

- muss als Vorname erkennbar sein.
- soll keinen Zweifel über das Geschlecht aufkommen lassen. Ansonsten kann der Standesbeamte einen zusätzlichen geschlechtseindeutigen Vornamen verlangen.
- darf dem Wohl des Kindes nicht schaden, es lächerlich machen oder es negativ verunglimpfen (z.B. Kain, Judas).
- darf das religiöse Empfinden der Mitmenschen nicht verletzen (z.B. Christus).
- darf kein Orts- oder Markenname sein.
- darf kein Familienname sein, wobei Ausnahmen möglich sind.
- darf kein Titel wie Doktor oder Prinz sein.
- muss innerhalb eines Monats nach der Geburt festgelegt sein.
- kann nicht rechtlich geschützt werden.

Des Weiteren gilt, dass eine Person mehrere Vornamen besitzen kann, aber mindestens einen Vornamen besitzen muss.

Und wenn die Eltern bei der Namensvergabe ihre Kreativität und Begeisterung doch ein wenig überstrapaziert haben? Die Namensänderungsbehörde (so etwas gibt es wirklich) im örtlichen Standes- oder Ordnungsamt hat durchaus die Möglichkeit, den Vornamen zu ändern, allerdings nur in Ausnahmefällen und wenn wichtige Gründe vorliegen. Als Argumente kommen in Betracht: ein zu exotischer Vorname bei der Einbürgerung, die Gefahr der Verwechslung, ein lächerlicher oder anstößig wirkender Vorname, ein nicht geschlechtsspezifischer Vorname, eine komplizierte Schreibweise oder Aussprache, psychische Probleme mit dem Namen und eine Änderung in Folge einer Geschlechtsumwandlung. Eine weitaus unproblematischere Möglichkeit, seinen Namen zu verändern, ist das Streichen, Hinzufügen oder Verändern eines zusätzlichen Vornamens, die Eindeutschung oder Veränderung der Schreibweise des Vornamens. Und wer mehrere Vornamen trägt, dem steht es – ohne Behördenbesuch – frei, seinen Rufnamen nach Lust und Laune zu wechseln.

Einige Beispiele:

Als weiblicher Vorname eintragungsfähig: Aiwara, Cheyenne Emma Katharina, Cosma-Shiva, Dior, Domino Carina, Emily-Extra, Fanta, Galaxina, Ibanez Sophie, Jasmin Heide Kaur, Jedida, Kiana Lemetri, Latoya, Lou-Ann, Maitreyi Padma, Meva, Nikita Katharina, Marie Jasmin Pepples, Rike Leontes Klarissa, Sunshine, Tamy Sarelle, Windsbraut.

Als weiblicher Vorname eintragungsfähig, wenn ein zweiter, eindeutig weiblicher Vorname hinzugefügt wird: Gor, Lynik, Mike, Prestige, Sonne, Uragano, Zeta.

Als männlicher Vorname eintragungsfähig: Birkenfeld, Büb, Danny, Djehad, Emanuele, Frieden Mit Gott Allein Durch Jesus Christus, Jazz, Kolle, Lafayette, Leines, Max Amos Soma Xam, Michael Cougar, Nicola Andrea, Oleander, Pumuckl, Ranjo, Roi, Sundance, Sweer, Tanisha, Wannek.

Als männlicher Vorname eintragungsfähig, wenn ein zweiter, eindeutig männlicher Vorname hinzugefügt wird: Alpha, Eike, Godot, Mikado, Tjorven, Zooey.

Als Vorname für beide Geschlechter eintragungsfähig: Kiran, November.

Als Vorname nicht eintragungsfähig: Aora, Cézanne, Borussia, Hemingway, Heydrich, Lindbergh, Lord, Mechipchamueh, Moewe, Moon, Unit, Navajo, Pan, Peterson, Pfefferminze, Rosenherz, Schröder, Stompie, Stone, Tom Tom, Verleihnix, Wegwanipiu, Woodstock.

Mit einem zweiten, geschlechtseindeutigen Vornamen eintragungsfähig: River, Jona, Jonah.

„Wer den Namen eines anderen behält und ihn immer weiter ausspricht, macht dem Betreffenden ein diskretes, aber wirkungsvolles Kompliment."

(Dale Carnegie [1888-1955], amerik. Rhetoriklehrer und Unternehmensberater)

FALCO IST JOHANN HÖLZEL

Die Suche nach dem geeigneten Namen für den Nachwuchs kann durchaus zu einer wissenschaftlichen Disziplin ausarten, und das Ergebnis dann – trotz allen Wohlwollens von Seiten der Eltern – für den Träger zum Problem werden. Irgendwann hat man sich an den Wohlklang des eigenen Namens gewöhnt, ihn unzählige Male auf Dokumenten verewigt und mit gewissem Stolz als Klingelschild gravieren lassen. Alles ist gut, kein Name so schlecht, als dass man ihn einfach so ändern würde – wäre da nicht dieser unwiderstehliche Drang nach Erfolg. Als Künstler ist man natürlich individuell, einzigartig vielleicht – und man trägt einen Namen, der auch bei jedem Nachbarn an der Tür stehen könnte? Also entledigen sich viele Künstler ihres schlichten, heimat- und traditionsverbundenen, manchmal auch komplizierten Namens und legen sich einen Künstlernamen zu, der dann einprägsam auf Plakaten prangt. Aus dem gleichen Grunde, warum sich Nietenhosen besser unter der Bezeichnung Jeans verkaufen, verkaufen sich die Platten von Falco besser als die von Johann Hölzel, die von Rex Gildo besser als die von Ludwig Alexander Hirtreiter. Und weil die Jugend schon immer lieber Cola als Limonade trank, sah man lieber Filme mit Kirk Douglas als mit Issur Danielovitch Demsky, wurde Cary Grant berühmter als Archibald Alexander Leach. Vermutlich hat sich bei der Abrechnung von Künstlergagen so manch ein Buchhalter verwundert die Augen gerieben, wenn er die Konten gänzlich unbekannter Personen füllen musste. Künstler sind etwas Besonderes, und das machen sie häufig, auch wenn sie gar nicht so besonders sind, als Erstes an ihrem neuen Namen fest, der möglichst modern, erotisch oder typisch amerikanisch wirken soll. So wurde aus dem schlichten René Baumann der Hitproduzent DJ Bobo, aus dem unbekannten Frederick Austerlitz der weltbekannte Fred Astaire, aus der braven Mary Cathleen Collins das Sexsymbol Bo Derek. Manchmal bewirken auch besondere Lebensumstände oder ein neuer Beruf den Namenswandel, weshalb Herbert Ernst Karl Frahm zu Willy Brandt und Joseph Alois Ratzinger zu Bendikt XVI. wurde.

Dabei ist die Herkunft der kunstvollen Namen so unterschiedlich wie die Personen, die sie tragen wollen, wobei der Fantasie keine Grenzen gesetzt sind. So diente dem Schauspieler Nicolas Cage die erste schwarze Comicfigur „Luke Cage“ als Vorlage, während sich Bud Spencer für eine Kombination aus seinem Lieblingsbier Budweiser und seinem Lieblingsschauspieler Spencer Tracy entschied. Einige Künstlernamen wurden schlicht aus Listen gewählt (Terence Hill), während andere ihren Spitznamen aus Kindertagen beibehielten (Nena, Coco Chanel). Wieder andere führten einfach den Künstlernamen der Eltern weiter (Götz George, Nastassja Kinski).

Im Folgenden gibt es eine kleine Auswahl von berühmten Personen, die ihren eigentlichen Namen verkürzt, verändert oder ihn vollständig neu erfunden haben. Sie werden überrascht sein. Übrigens auch eine gute Gelegenheit, den allwissenden Fans der Kino-, Schlager- und Rocklegenden auf den Zahn zu fühlen.

„Der extravagante Name ist das Etikett des eitlen Menschen.“
(F. C. Bormann)

Peter Alexander (Peter Alexander Ferdinand Maximilian Neumayer) ❍ Thomas Anders (Bernd Weidung) ❍ G. G. Anderson (Gerd Grabowski) ❍ Pamela Anderson (Barbara Rose Kopetski) ❍ Nino de Angelo (Domenico Gerhard Gorgoglione) ❍ Fred Astaire (Frederick Austerlitz) ❍ Tom Astor (Wilhelm Bräutigam) ❍ Brigitte Bardot (Camille Javal) ❍ Bela B. (Dirk Felsenheimer) ❍ Phillip Boa (Ernst Ulrich Figgen) ❍ John Bon Jovi (John Francis Bongiovi) ❍ Bono (Paul David Hewson) ❍ Andy Borg (Adolf Andreas Meyer) ❍ David Bowie (David Robert Hayward-Jones) ❍ Boy George (George Alan O'Dowd) ❍ Klaus Maria Brandauer (Klaus Georg Steng) ❍ Pierre Brice (Pierre Louis de Bris) ❍ Charles Bronson (Charles Buchinski) ❍ Chris de Burgh (Christopher John Davidson) ❍ Richard Burton (Richard Walter Jenkins) ❍ Dolly Buster (Katja-Nora Bochnickovà) ❍ C. C. Catch (Caroline Müller) ❍ Nicolas Cage (Nicholas Kim Coppola) ❍ Michael Caine (Maurice Joseph Micklewhite) ❍ Maria Callas (Maria Anna Sofia Cecilia Kalogeropoulos) ❍ Campino (Andreas Frege) ❍ Rudi Carrell (Rudolf Wijbrand Kesselaar) ❍ Coco Chanel (Gabrielle Bonheur Chasnel) ❍ Cher (Cherilyn Sarkisian La Piere) ❍ Agatha Christie (Agatha Mary Clarissa Miller) ❍ Cindy & Bert (Jutta Gusenburger und Norbert Berger) ❍ Alice Cooper (Vincent Damon Furnier) ❍ David Copperfield (David Kotkin) ❍ Tony Curtis (Bernard Schwartz) ❍ Doris Day (Doris von Kappelhoff) ❍ John Denver (Henry John Deutschendorf Jr.) ❍ Danny DeVito (Daniel Michaeli) ❍ Vin Diesel (Mark Vincent) ❍ Marlene Dietrich (Marie Magdalene Dietrich von Losch) ❍ Bob Dylan (Robert Allen Zimmermann) ❍ Katja Ebstein (Karin Witkiewicz) ❍ Elton (Alexander Duszat) ❍ Veronica Ferres (Veronika Jansen) ❍ Glenn Ford (Gwyllyn Samuel Newton Ford) ❍ Jodie Foster (Alicia Christian Foster) ❍ Peter Fox (Pierre Baigorry) ❍ Samantha Fox (Stacia Micula) ❍ Louis de Funés (Carlos Louis de Funés de Galarza) ❍ Gunther Gabriel (Günther Caspelherr) ❍ Greta Garbo (Greta Lovisa Gustafson) ❍ James Garner (James Scott Bumgarner) ❍ Götz George (Götz Schulze) ❍ Gary Glitter (Paul Francis Gadd) ❍ Whoopi Goldberg (Caryn Elaine Johnson) ❍ Goldie Hawn (Goldie Jean Studlendegehawn) ❍ Rita Hayworth (Margarita Carmen Cansino) ❍ Dieter Thomas Heck (Carl Dieter Heckscher) ❍ Heino (Heinz-Georg Kramm) ❍ Heintje (Hendrik Nicolaus Theodor Simons) ❍ Audrey Hepburn (Edda van Heemstra Hepburn-Rusten) ❍ Charlton Heston (John Charlton Carter)

❍ Billie Holliday (Eleanora Fagan) ❍ Buddy Holly (Charles Hardin Holley) ❍ Michael Holm (Lothar Walter) ❍ Guildo Horn (Horst Köhler) ❍ Rock Hudson (Roy Harold Scherer Jr.) ❍ Billy Idol (William Michael Albert Broad) ❍ Julio Iglesias (Julio José Iglesias de la Cueva) ❍ Mick Jagger (Michael Philip) ❍ Janosch (Horst Eckert) ❍ Billy Joel (William „Bill" Martin) ❍ Elton John (Reginald Kenneth Dwight) ❍ Don Johnson (Donald Wayne) ❍ Tom Jones (Thomas Jones Woodward) ❍ Udo Jürgens (Udo Jürgen Bockelmann) ❍ Roland Kaiser (Ronald Keiler) ❍ Michael Keaton (Michael John Douglas) ❍ Hape Kerkeling (Hans-Peter Wilhelm Kerkeling) ❍ Klaus Kinski (Nikolaus Günther Nakszynski) ❍ Ephraim Kishon (Ference Hoffmann) ❍ Michael Landon (Eugene Maurice Orowitz) ❍ Stan Laurel (Arthur Stanley Jefferson) ❍ Ralph Lauren (Ralph Lipschitz) ❍ Vicky Leandros (Vassiliki Papathanassiou) ❍ John Le Carré (David John Moore Cornwell) ❍ Bruce Lee (Sai Fon) ❍ Huey Lewis (Hugh Anthong Cregg) ❍ Jerry Lewis (Jerome Levitch) ✣ Patrick Lindner (Friedrich Günther Raab) ❍ Theo Lingen (Franz Theodor Schmitz) ❍ Sophia Loren (Sofia Villani Scicolone) ❍ Loriot (Bernhard Victor Christoph Carl von Bülow) ❍ Madonna (Madonna Louise Veronica

Ciccone) ❍ Marilyn Manson (Brian Hugh Warner) ❍ Toni Marshall (Herbert Anton Hilger) ❍ Dean Martin (Dino Paul Crocetti) ❍ Freddy Mercury (Farrokh Bulsara) ❍ George Michael (Georgios Krylacos Panayitou) ❍ Marilyn Monroe (Norma Jean Mortensen Baker) ❍ Yves Montand (Ivo Livi) ❍ Demi Moore (Demetria Gene Guynes) ❍ Nena (Susanne Gabriele Kerner) ❍ Billy Ocean (Leslie Sebastian Charles) ❍ George Orwell (Eric Arthur Blair) ❍ Joaquim Phoenix (Joaquim Raphael Bottom) ❍ Edith Piaf (Edith Giovanna Gassion) ❍ Iggy Pop (James Newell Osterburg) ❍ Prince (Prince Rogers Nelson) ❍ Suzi Quatro (Susanna Quadrocchio) ❍ Freddy Quinn (Franz Eugen Helmuth Manfred Nidl-Petz) ❍ Ivan Rebroff (Hans-Rolf Rippert) ❍ Rio Reiser (Ralph Möbius) ❍ Jean Reno (Don Juan Moreno y Jederique Jiminez) ❍ Cliff Richard (Harry Rodger Webb) ❍ Chris Roberts (Christian Klusacek) ❍ Mary Roos (Marianne Rosemarie Schwab) ❍ Jennifer Rush (Heidi Stern) ❍ Meg Ryan (Margaret Mary Emily Anne Hyra) ❍ Romy Schneider (Rosemarie Magdalena Albach-Retty) ❍ Omar Sharif (Michael Shalhoub) ❍ Siegfried & Roy (Siegfried Fischbacher und Roy Uwe Ludwig Horn) ❍ Christian Slater (Christian Michael Leonard Gainsborough) ❍ Kevin Spacey (Kevin Matthew Fowler) ❍ Bud

Spencer (Carolo Pedersoli) ❍ Ringo Starr (Richard Starkey) ❍ Cat Stevens (Steven Demtri Georgiou) ❍ Sting (Gordon Matthew Sumner) ❍ Robert Taylor (Splanger Arlington Brugh) ❍ Tina Turner (Anna Mae Bullock) ❍ Mark Twain (Samuel Langhorne Clemens) ❍ Shania Twain (Eileen Regina Edwards) ❍ Bonnie Tyler (Gaynor Hopkins) ❍ Vater Abraham (Petrus Antonius Laurentius Kartner) ❍ Jean-Claude van Damme (Jean-Claude van Varienberg) ❍ Jürgen von der Lippe (Hans-Jürgen Dohrenkamp) ❍ Hella von Sinnen (Hella Kemper) ❍ Lilo Wanders (Ernie Reinhardt) ❍ John Wayne (Marion Michael Morrison) ❍ Sigourney Weaver (Susan Alexandra Weaver) ❍ Kim Wilde (Kim Smith) ❍ Bruce Willis (Walter Willison) ❍ Steve Wonder (Steveland Judkins)

„Namen – damit hat es eine sehr geheimnisvolle Bewandtnis. Ich bin mir nie ganz klar darüber geworden, ob der Name sich nach dem Kinde formt, oder ob sich das Kind verändert, um zu dem Namen zu passen."

(John Steinbeck [1902-68], amerik. Schriftsteller)

(Grundlage für den Text sind weit gehend Wikipedia, www.beliebte-vornamen.de, www.baby-vornamen.de und zahlreiche Internetforen sowie entsprechende Literatur)

Alltagsgeschichten aus Ostdeutschland

Geboren in den 20ern
Unsere Kindheit, unsere Jugend ...
von Geo Kaef
80 S., gebunden, zahlr. S-w-Fotos
(ISBN 978-3-937924-58-8)

Geboren in den 30ern
Unsere Kindheit, unsere Jugend ...
von Uwe Schieferweiß
80 S., gebunden, zahlr. S-w-Fotos
(ISBN 978-3-937924-59-5)

Geboren in den 40ern
Unsere Kindheit, unsere Jugend ...
von Kurt Wünsch
80 S., gebunden, zahlr. S-w-Fotos
(ISBN 978-3-937924-60-1)

Geboren in den 50ern
Unsere Kindheit, unsere Jugend ...
von Sylvia Pommert
80 S., gebunden, zahlr. S-w-Fotos
(ISBN 978-3-937924-61-8)

Geboren in den 60ern
Unsere Kindheit, unsere Jugend ...
von Peter Schieferweiß
80 S., gebunden, zahlr. S-w-Fotos
(ISBN 978-3-937924-71-7)

Herkules Verlag
Richard-Strauß-Straße 33 · 34128 Kassel
(0561) 9 37 17 38 · www.herkules-verlag.de